JN440292

내가 새가 아니어야 하는 이유

나정호 시집

시인동네 시인선 166

나정호 시집

내가 새가 아니어야 하는 이유

시인동네

시인의 말

시집을 묶는다고 작업실을 뒤집어놓았다.

서랍에서 잡동사니가 쏟아지고 가방이 털리고,
옷가지들이 끌려 나왔다.

그때 작년 가을 코트 주머니에서 마른 풀씨 몇 알 쓸려 나와
출입문 쪽으로 굴렀다.

잘 가라,

가슴에 금이 간 사람에게로 가서, 꽃으로 묻히더라도
아니, 어느 칼바람에 꺾이고 부러지더라도
나는 정말 모르는 일이다.

2021년 12월
나정호

차례

제2부

제3부

제4부

제1부

달밥

나무 아래서 손 벌리면 별이 몇 점 열린다
그 별들이 덜컹거리며 으스러지기도 하고
나부끼다가 쏟아지기도 한다
별자리보다 먼 서쪽 하늘에 대고
입 벌리고 서 있으면
가지 사이로 별들이 뉘엿뉘엿 물들고
내 몸에 떨어져 뒹굴던 해거름의 잎사귀들
발등에 피어오르던 풀꽃 그림자들
어린 날 떫고 비리던 달새 울음도
황망히 들려온다 그런 깡마른 봄밤에
말랑말랑한 뭇별 한 점 꺾어다가
가지 끝에 걸어둔다
달밥이 둥실 떠오르는 봄밤
달동네 사람들은 달을 어디에 걸어두고 살아갈까
나는 배고픈 새들의 길을 하늘 꼭대기까지
환하게 열어둔다
그러다가 둥지에서 슬그머니 잠든다

썸

칼국수는 공무원 면접시험보다 어려운 음식이다
장안에서 유명하다는 ㅎ칼국수를 먹으러 갔다가
두 시간을 기다리다 그냥 왔다
다리도 아프고 혓바닥이 쓰라린데
끝내 칼국수는 나를 배신했다
어쩌면 내가 칼국수를 버렸는지도 모른다
홧김에 지하철을 타고 한강을 건넜다
무언가 서로에게 건너지 않으면
견딜 수 없는 간지러움같이
한강은 국가 고시생들을 가득 태우고 막막하게 흘렀다
그 강물에 가지런히 칼집을 낸 면발이 끓어 넘치면
강물도 사람들도 그대로 ㅎ칼국수다
'다음 역은 칼국수, 칼국수 역입니다'
안내방송은 다음 역으로 내 등을 떠미는데
나는 홀로 팔팔 끓는다
지금 딱 이대로가 스마트하고
우리 서로 간이 맞는데
조금만 더 기다리면 칼국수가 내게 올 텐데

강물은 통통 불어 홍건해지고
나는 죽어도 칼국수 재수생이 되고 싶지 않은데
저녁 햇무리가 발등에 노른자를 풀어놓는다

멍

못이 망치를 피했다
손톱에 저녁별이 뜨고 검은 달이 떠올랐다
오른손은 왼손이 모르게 울먹울먹했다
정말 어쩔 줄 몰라 하는 쪽은 내가 아니라 왼손이었다
처음부터 벽을 뚫어보자고 한 쪽은 분명 나였다
아무튼 누군가 배신을 했다면 망치를 들고 있던
왼손이 아니라, 바로 나다
그때 나는 내가 왼손잡이라는 것을 처음 후회했다
그럴 줄 알고 튕겨 나간 못은 멀찍이 숨어버렸다
또 다른 상처에 대한 두려움 때문이다
나는 시퍼렇게 금 간 손톱을 살살 어루만졌다
적어도 달포는 주물러줘야 손톱달을 다시 보게 될 것이라고
의사가 말했다
호호 불어가면서 달래야 하는 것이
오늘 내가 쓰라리게 짊어지고 갈 내 몫의 짐이라면
저 찢어진 벽은 누구에게 죗값을 물어야 할까

공공미술

소나기는 사람들을 몰아세운다

그물에 걸린 새떼처럼 부둥켜안은 사람들이
미술관 건물 앞에 늘어 서 있다
다급하게 실려 온 젖은 그림들이
그대로 야외 전시장이 된다
걸어 다니는 그림전이다
미처 액자도 두르지 않은 나도
물먹은 수채화 한 점으로
미술관 모퉁이에 슬그머니 걸린다

우산을 든 그림들이 흙탕물을 덧칠하고 간다

할롱베이

누가 살다 비운 집,
사람의 손길이 그대로 멈춘 방에는
다급하게 짐 싸 들고 떠난 사람의 살 냄새가 진동했다
정복자에게 무릎을 꺾어주고
순순히 백기들 들어준 방

나는 창문을 열고 손잡이며 욕실의 거울까지
세제를 뿌려가며 사람의 흔적을 지운다
그럴 때는 막, 산소 호흡기를 떼어 누군가를 잠재우는 의식 같다
이런 결백성을 비웃기라도 하듯 떠난 사람의 전리품들이
구석구석에서 쏟아져 나왔다

이다음 점령자를 위한 예우 차원이었을까
서랍에서 집수리 스티커가 나오고
벽지 한쪽에서 어눌하게 눌러쓴 국제전화번호가
떠나고 없는 자의 이름이 할롱베이(?)라고,
불안불안 그려 내려간 '한국 죽겄어요' 낙서 한 줄에서

절박하게 떠난 자의 정체를 말해주고 있었다

별똥별 한 줄 쏜살같이 날아올랐다

카메라 일기

카메라를 들면 무언가 받아 적고 싶어진다 빈손으로 보내기에 미안했던 가을날의 나무와 새들, 이따금 내게 말 걸어주던 기억 속의 싱싱한 얼굴들, 한번 가서는 돌아오지 않을 이파리 같은 그녀의 이름도 몰래 적어둔다 짜릿한 순간들을 온몸으로 찰칵찰칵 받아 적으며 내게 이름 불러주던 사랑스러운 빛줄기들, 저기 깜빡이는 눈빛들이 부시게 소스라치는 울음 한 컷도 선명하게 받아 적는다 하늘가에 울먹이던 발목 삔 먹구름, 그 먹구름이 절뚝이며 걸어가다가 지우고 뭉개버린 모퉁이의 어스름, 별들의 눈짓도 가까이 당겨본다 아무리 벗어나려고 몸부림쳐도 자꾸만 벼랑 앞이던, 그래서 두려움에 떨던 어린 날의 촉촉한 눈망울, 그 가녀린 눈망울 너머로 그리운 아버지가 뭉게뭉게 걸어오시고, 저녁의 뭉게구름 너머로 새 필름을 갈아 끼운 내가 아버지의 한 생을 받아쓰기 한다

팬티와 자작나무

마른번개 울다 가더니 낮에는 해가 떴다
뭉쳐 있던 근육이 풀리고 맨살이 바삭바삭했다
뼛속까지 하얘지겠다고,
세탁기서 한바탕 욕보고 나온 팬티가
자작나무 가지에 걸린다
그대로 부끄러운 정물화다

따로따로

지하철에 가방을 두고 내렸다
제자가 편의점에서 밤새우고 사 온 짝퉁 가방
그 철없는 땀방울이 채 마르기도 전에
자꾸만 가방은 다음 역으로 멀어지는데
마음은 어린 제자의 마음을 좇아 거꾸로 뛴다
아무리 뛰어도 몸은 제자리걸음이고
마음이 가는 길은 어긋나고 뒤틀리는데
마음은 날아드는 미사일이다

뛰다가 계단에서 구른다
그래, 차라리 이대로 굴러서
가방에게 돌아갈 수만 있다면
온몸 던져 구르는 미사일이 되겠다고
다시 일어나 뛴다

어찌어찌 아슬아슬 내게 돌아온 짝퉁 가방
처음부터 명품은 들고 다니는 물건이 아니었다고,
이번에는 가방을 부둥켜안고 지하철을 탄다

몸도 마음도 한결 가뿐한데
한쪽 팔이 안 보인다
아차, 방금 계단에 던져놓고 온
부러진 오른팔

밥

쌀을 사려고 인력시장에 나갔다
나보다 더 비실거리는 사람들이
고물 승합차에 잘도 실려 가는데
나만 동그마니 남았다
새벽 별이 멀어지고
드럼통에서 타닥거리며 타오르던 잡목들도 잠잠해지고,
선택받지 못했다는 것에 대한 수치스러움이
그대로 숯으로 남는다
쌀을 사지 못할 것이라는 절망감과
뼈가 으스러지는 일일 노예로부터
해방이라는 안도감 사이에서
저울 눈금이 왔다 갔다 한다
하지만 어느 한쪽도 마땅하지 않다
먹고사는 일에 마땅한 무게가 없고
정량이 없고, 레시피가 없는데,
그나저나 오늘 아침은
찬밥에 더운물이나 가득 말아야겠다

중얼중얼, 봄

먹구름이 으르렁 울다가 그친 아침
벚나무가 꽃비를 뿌려줄까 말까 망설이는 사이,
봄비도 잠시 주춤했다
마침 집배원이 발신처 없는 꽃 편지를 들고 왔다
그 편지 봉투를 뜯어볼까 말까 생각할 여유도 안 주고
오토바이가 왕벚나무 그림자를 큰길까지 질질 끌고 갔다
그러다 벚나무 가지에 오토바이가 넘어졌다
집배원 무릎에 피멍 몇 잎 피어오르고
길에는 벚꽃이 낭자했다
오토바이가 펄펄 나부꼈다 그 오토바이 꽁무니에서
손톱이 빠지는 아픔을 견디며
옛날 우리 아버지가 피어나셨다
하늘 꼭대기까지 아슬아슬 날아오르셨다
벚나무 근처에서,
작년 여름 찔레가 꽃 필까 말까 중얼거리고 있었다

안경

라식 수술을 하고 안대를 푸는 날이다
안대는 안경이 모르는 비밀을 감추고 있다
세상에 들키지 않으려고 돌 틈에 숨어든 모래무지같이
눈 뜨고 잠들게 한다
안경은 아직 모른다
내 눈빛은 어쩌자고 찌그러진 것만 바라보고
종일 어긋난 길을 돌아다니다가
밤새 허우적거리며 울먹이게 하는지 알 길이 없다
안경을 부러뜨리고 나서야 정작 의심스러운 건
시력이 아니라 안경을 벗은 맨얼굴이었다
둥근 납작한 내 얼굴이 심심해서
유리알을 두 개씩이나 덧씌우고 다녔다는 것도
감쪽같이 몰랐다
오늘 아침 거울 앞에서 렌즈를 구겨버리고 나서야,
내 눈빛은 무언가를 자꾸만 비틀어 보게 하고
온전한 것들만 보면 깨뜨려 버리고 싶었는지
비로소 내 눈빛 속에는
야생의 습성이 꿈틀거리고 있다는 것도 알았다

안경을 벗으면 사람의 눈동자에도 처녀막이 생기고
삐딱하게 기울어 보이던 세상이
한결 순결해진다는 상식도 나중에 알았다

치과에서

배고픈 장발장은 어쩌면 용서가 되겠다 싶고
불법주차야 좁은 땅에서
어쩔 수 없는 노릇 아니겠냐고, 이해될 만도 하지만
치과 의사의 손버릇은 도대체 용서가 안 되더라

이를테면 나는
그 많은 무슨 무슨 주의자들의 고상한 사상과 가치를
떠받들어 존중하지만,
그렇다고 공산주의는 죽기보다 싫은데
치과 의사 앞에서는
없는 애인의 이름도 만들어 불어 버리겠고,
몇 안 되는 친구도 팔아먹겠더라
아니, 당장 간첩질이라도 하라면
기꺼이 수락하겠다고, 각서라도 써주고 싶더라

벽지

새 벽지를 바르려고 꽃송이를 뜯어냈다
땟물 흐르는 중천 하늘이 부욱, 갈라지더니
바닥에 널브러졌다
꽃들이 꺾어지고 부러지면서 바닥에 나뒹굴었다
가을은 세상 모든 얼룩이 꽃으로 돌아오는 계절,
발가벗겨진 방 안에
피 한 방울 흐르지 않고 꽃물이 낭자했다
내가 잠에서 깨어날 때
함께 울어주던 아침 새들
꽃송이들의 입술에서 흘러나오던 색 바랜 노래들
그러나 언젠가 한 번은 내게서 멀어져 갈
잎사귀만 한 바람들,
벽에는 가을걷이 끝난 들판의 이삭처럼
곰팡이 구름이 알록달록 피어났다
나는 해묵은 가을 하늘을 걷어내고
새 얼룩을 피워 올릴 꽃벽지를 발랐다

즐거운 토스트

출출하면 몸에서 토스트가 익는다
배가 불러도 언제나 물리지 않는 토스트
달맞이꽃 같은 계집과 모래밥을 씹으며 헤어지고도
거뜬히 먹어치우던 슬프디슬픈 토스트
다 늦은 저녁 토스트를 물고 다니던 강사 시절
내 슬픔을 노래해주던 달빛, 그 달빛 아래서
위로받기에는 너무나 먼 별자리들,
강물이 거꾸로 흐르고 팔월에 첫눈이 오고
아무리 별자리가 달라져도
젊은 날 내 상처를 바삭바삭 어루만져주던 토스트
그러므로 내 청춘은 밥에 대한 기억으로부터
너무 멀리 와 있다
그곳에서 나는 염소가 풀 대신 뜯어 먹던 삼류 소설들과
거꾸로 흐르는 한강에 괴물이 출몰할 거라는,
이상한 상상들이 노릇노릇 익어가는 줄도
감쪽같이 몰랐다
둥근 밥상에 대한 내 몸의 간지러움을 모르는 아내는
오늘 아침에도 새로 사 온 믹서기를 돌리고

밥풀 같은 아이들이
내 청춘의 토스트를 나란히 나누어 물고
학교에 갔다

미안하다, 릴케여

나를 스쳐 간 바람이여 눈비 잠재우고 내게 돌아와 기력이 다해가는 바람들이여 죽은 자의 뼈를 묻으며 변두리를 환하게 밝혀주던 불빛들이여 길 위에 뒹구는 나뭇잎들이여 발등에 떠오르는 수천의 별 아래서 릴케를 노래하다 잠든 아버지여 그런 아버지를 이해하기에는 너무 멀리 흘러온 이 아들을, 세상에 함부로 던져놓은 미안한 어머니여, 말라가는 수선화 꽃잎이여, 내 청춘을 꽃피우며 등 떠밀어 주던 바람이여 자꾸만 미안해지는 이름들이여 빨랫줄에서 나부끼는 속옷같이 세상에 꺼내놓기에 너무 부끄러운 비밀이여, 미안함이여, 모래 구릉을 넘는 낙타에게 부치는 편지들이여, 삐딱한 내 청춘의 미안함이여

제2부

별똥별

당신마저 감쪽같이 가시면 나는 또 어느 가혹한 눈짓에 기대어 글썽일까요

구름 모자

어머니는 모자 대신 구름을 즐겨 쓰신다
방금 구름미용실에서
먹구름을 단발로 싹둑 잘라 드시고도
현관 앞에만 서면
자꾸만 배고픈 어머니
맑은 날 당신 기억에서 뭉게뭉게 피어오르는
푸른곰팡이 모자를 벗어들고
먼 산 너머에 대고 가만히 말 걸어보다가,
이런 날은 나란히 손잡고 놀이동산에 가자고
어리광 피우시다가도
방금 눈앞에서 비구름 오락가락한다며
괜한 날씨 탓만 하신다
곰팡이 구름 내려앉은 당신 기억을 갉아먹는
진짜 범인은 현관의 비밀번호가 아니라
먹구름인 줄 까맣게 모르시고
구름 모자를 눌러 쓴 채
복덕방 최 영감을 한눈에 알아보시고
배우 정우성이 미남이라는 걸 거뜬히 알아보신다

아무려면 어떤가, 나도 언젠가
곰팡이 구름 내려앉은 머리에 비눗방울 퐁퐁 풀어서
다른 세상 사람 되어 살더라도
당신 얼굴만 알아보면 다행이다 싶은데
이따금 나도 현관 앞에서 어머니 구름 모자를
슬쩍 빌려 쓰는 날이 많다

형

요양원을 학교라고 우기는 어머니에게
가끔 나는 선생님이다
며칠 전 나는 어머니의 아버지였다가
어제는 어머니의 아저씨가 되었다
생각해보면 어머니는
이 세상에 지나고 없는 것들만 알아보신다
내 등에 업힌 어머니가
기억에도 없는 노래를 부르시는 날은
그대로 소풍이 되는데
성질 급한 형이 내게서 어머니를 넘겨받는다
허리에 병이 다시 도졌다는 형은
돌계단을 잘도 오른다
계단을 다 오르면 어머니가 한결 가벼워질 것이라고
형은 속으로 말했을 것이다
코흘리개 시절
나도 저렇게 어머니 등에 엎드려
참 오래 잠들어 있었다

손

방금 놓친 만원버스가 흔들어주는 손
가까스로 내 차지가 된 버스 손잡이
거룩하게 끌려가야 한다고, 이 악물고 버티는 내 손
한 번도 잡아보지 못한
누군가의 불편하기 짝이 없는 손
부끄러워서 부끄러워서 끝내 스쳐보지도 못하고
떠나간 젊은 날 그녀의 손,
훈련소 가는 날, 등 떠밀어 주시던 어머니의 손
출근길에 은행 계좌 비밀번호를 누르는 힘으로
붙들고 가는 만원버스 손잡이

가방의 나이

나는 가방의 이름을 모른다
지퍼를 열면 얼굴이 안 보이고
가방을 뒤집어 털어 봐도 나이가 없다
『젊은 베르테르의 슬픔』 어딘가에 접어둔 첫사랑 그녀도
행방을 알 수 없다
그러므로 내 가방은 이상하다
물고 뜯어봐도 그냥 가방인 채로 있다
어려서 내 가방은 너무 미로 같았다
〈복잡했다〉
아무리 쓸어 담아도 가방은 늘 배고팠고
이튿날이면 연립방정식이 온데간데없었다
어느 날 가방은 내 젊음을 가득 채우고
큰길로, 골목 어귀로,
모퉁이에 서 있는 불빛 아래를
어슬렁거리다가 사라지곤 했다
이따금 나는 가방의 손을 잡고 길을 나선다
기차를 타고 버스를 갈아타며 북한산을 오르기도 하다가
가방에게 이끌려 집으로 돌아온다

그런 요즘 내 가방의 진짜 이름은 떠오르지 않는다
그냥 가방인 척 구석에 가만히 널브러져 있다

할인마트에서

생 갈치 한 토막과 삼겹살을 손에 들고
계산대 앞에 줄을 섰다
주머니에서 그 흔한 천 원짜리 한 장 안 보이고
달랑 백 원짜리 동전 세 개가
부끄러운 줄 모르고 딸려 나와 바닥에 뒹굴었다
앞사람이 계산대에 쏟아놓은 물건들을
멍하니 내 것으로 바라보다가
돈이 없으면 돼지는 어떻게 살을 찌우고
콩나물은 무슨 수로 노래하면서 자랄까
호박은 돈이 없어도 울퉁불퉁 늙어가고
고등어는 동전 한 푼 없어도
푸른 등을 잘도 물들이며 지느러미 치는데
곰곰 셈을 치르다가
들고 있던 갈치 한 토막과 삼겹살을
저고리 안주머니에 슬쩍 구겨 넣었다가
이건 아니지, 꺼내 들었다가
다시 제자리에 가만히 놓아주고 왔다

아들의 일기

나무가 물감을 만들고 있다는 것은
처음부터 거짓말이라고 아들이 말했다
나뭇잎은 물드는 게 아니라
추워서 제 몸에 불을 피우는 거라고 나는 고쳐 말했다
단풍나무 몸에는 태양이 숨어 있는 거라고,
손대면 금방 화상 입는다고 나는 아들을 타일렀다
나무 몸에 굴렁쇠가 있다고,
뒹구는 나뭇잎을 가리키며 아들이 일기장을 펼쳤다
어쩌면 나무 몸에 해가 뜨고 바람이 불고
구름이 햇살을 밀어내기 때문에
저녁은 꽃잎처럼 물드는 거라고,
그런 날 저녁에는 가지에서 어린 새들이
몇 번이나 쓰러졌다 일어서며 날갯짓을 한다고
아들에게 말해줬다
밤새 나무 밑동을 파고 들어간 잎새들이
꽃등을 켜고 있다고,
빈 가지를 가리키며 아들은 일기에 따라 적었다

나의 무릉도원

나를 떠나
산이 되고 물이 되어버린 세계는 아름답다

모든 생각은 어지럽고 평화롭다
저기 나의 속을 빤히 들여다보는 달빛은 알고 있다
내가 잠에서 깨일 때 눈을 뜬 아침 새들
이팝꽃의 입술에서 흘러나오는 하얀 노래들
그러나 한번은 늙어갈 대부활을 손짓하는
바람들은 그지없이 아름답다

이제 나의 아이 나의 애인 나의 친구가
굳이 사람이어야 할 까닭은 없다
누가 거들지 않아도
스스로 흙속에 자기 뼈와 살을 갈무리하는 풀들이
내 아름다운 친구이다

그렇지 않은가
가지마다 외롭지 않으려고 팔짱을 낀 앞산 기슭의

나무들을 보라
나를 떠나
이미 산이 되고 물이 되어버린 세계는
어지럽고 평화로움을 잠시 멀리하고
베개를 높이 하여 잠이 들어도 좋다

교복 입은 성자(聖子)

만원버스에서 졸고 있던 남학생이
자리를 내어준다
빼앗아 부둥켜안고 있는 책가방이
수도원에서 쫓겨난 수도자의 보퉁이 같다
고맙고 미안하고 눈물 나게 행복하고,
여러 마음이 엉키고 겹치면서
온 세상이 환해지다가
'내가 벌써?'
괜히 눈시울이 따가워졌다
염치없는 얼굴을 바닥에 떨어트리고 있을 때
알루미늄 다리가 붙어 있다
내가 고개를 쳐들기도 전에
남학생이 한쪽 다리를 들어 보인다
'이쪽 다리는 멀쩡해요'
교복을 입은 성자를 보았다
이런 날은 로또를 사야 한다

빨래

해 나고
겨울 옷가지들이 쥐똥나무 가지에
끌려 나왔다
생김은 엇비슷해도
치수가 다른 양말들, 저마다
바라보는 이상형이 어긋나고
취향이 다른 속옷들이
나란히 한 방향으로 해바라기하다가
그래도 한 이불 덮고 산다고,
서로의 허물
털어주면서 펄럭이고 있다
이것 봐라, 기억도 나지 않는
구멍 난 양말 한 짝이
남부끄러운 줄 모르고
벌건 대낮부터 담장을 넘는다

옛날에 내가

외나무다리에서 만나야 할 사람을
요즘에는 버스에서 만난다
모시던 윗분을 버스에서 만났다
그의 눈빛에는 달라진 생활만큼이나
당당함 대신 말간 적요가 그렁그렁 차 있었다
한때 내 양심과 자존심을 보리밟기해 주시던
그분이, 버스에서 따라 내리시더니
내 그림자를 밟으며 졸졸 따라붙는다
옛날에 내가 그랬던 것처럼,

약속 잡을 사람 없고 받아줄 누구도 없고
취미까지 바닥났으면 얼마나 홀가분한가, 싶은데
눈 뜨면 어느 먼 종점까지 실려 가야 한다는 강박에
지하철 타는 일이 소일거리라고,
묻지도 않은 말을 잘도 쏟아낸다
옛날에 내가 그래야 했던 것처럼,

어디 오갈 데 없는 그분을 모시고

돼지국밥집에 마주앉아
먼저 숟가락을 드는 걸 확인한 다음에야
나도 천천히 한술 뜬다
옛날에 내가 했던 것처럼,

맞은편 숟가락 속도에 맞춰가며
나도 국밥 한 그릇 다소곳이 비운다
옛날에 내가 꼭 그래야 했던 것처럼,

무화과

나는 무화과나무 아래서 캔버스에 유화를 덧칠하고 계시는 어머니 몰래 책가방에 돌멩이와 사금파리를 채우고 대문을 나서곤 했다 책상에 두고 나온 시험문제들이 가방에서 오답으로 엉켜 들고 길에는 제멋대로 생겨먹은 돌멩이들이 내 발부리에 몸을 던졌다 무화과인지 돌멩이인지, 아무튼 내 발부리에 걸려드는 것들을 발끝으로 걷어차면서 걸었다 그때 웅덩이 풀숲에서 왜장을 끌어안은 논개도 아니고 무화과도 돌멩이도 아닌, 못생긴 얼굴 하나가 엉겅퀴 가슴에 납작 안겨들었다

살얼음

백 년을 달려왔다는 주먹 눈송이가
밤새 오돌오돌 떨고 갔다는 날이었다

언 몸 말리던 흰 새를
늙은 여우가 물어갔다는 미나리꽝이었다

목숨을 꺾어 든 자와
그 목숨을 낳은 자 사이에,
가슴에 금이 간 사람에게로 가서
피 한 방울 흐르지 않고 흰 꽃이 피는 날이었다

바람도 살얼음 위에서
목숨을 걸어놓고 칼부림하던 날이었다

갸우뚱

동창 모임에 가면 갸우뚱이 인사다
학교를 자주 옮겨 다니던 나는
그 갸우뚱마저 어색해서 몸 둘 바 모르겠는데
너도 나도 몰라보겠다면서도
입술에서 주렁주렁 맴도는 이름들이
문득문득 쏟아져 나오고
나만 모르는 사건들을 밥상 가득 차려놓는다

고고학은 딱 내 취향인데,
누군가의 첫사랑 그녀도 유전처럼 발굴된다
내게서 늘 일등 자리를 빼앗아 가던 박물관장은
기억에도 없는 사건들을 잘도 박제해내는데
얼굴만 보고도 내가 걸어온 길을 빤히 들여다보는
치과 의사는 직업을 잘못 선택한 것 같다

나만 모르는 사건들을 누군가 대신 보관해준다는 것은
얼마나 다행한 일인가 싶다가도
돌이켜보면, 나는 너무 많이 갸우뚱거리며 살아왔다

수능시험 날 내 아이와 나란히 갸우뚱거렸고
밀린 집세를 독촉하던 주인 앞에서
수없이 조아리며 갸우뚱했다
그러므로 내가 잘할 수 있는 건 갸우뚱인지도 모른다
아무리 배고프고 버스비가 없어도,
수많은 사건들이 조간신문에 떠돌아다녀도
여기까지 걸어온 내가 자꾸만 갸우뚱거리게 한다

명함

그림 공부를 하겠다는 아들에게
다른 길을 가라던 아버지를 이해할 만한 나이에 이르러
처음 이력서를 쓴다
경력을 적어야 하는데 표지 작가, 시인, 콩트 작가……?
뭐, 이런 게 자랑이랄 수 있겠나 싶은데,
다시 글을 써보겠다고, 제자가 찾아와
시 몇 편 펼쳐놓는다
그래도 명문 대학원 경영학과 석사 출신에게
밥 먹고 살 궁리해야 한다고, 한참을 나무랐더니
어차피 취업은 글렀고
이력서 대신 시인 명함이라도 뿌려보겠다고
대꾸를 한다

제3부

달밤

가만가만 누구더라 그때가 언제였더라 순하게 덮쳐오던 그가 누구더라 라일락 흐드러지던 밤이었던가 호랑지빠귀 울던 밤이었던가 검은 옷깃 끌어당기며 능선을 넘어가던 저 그림자가 누구였더라

내가 새가 아니어야 하는 이유

상수리나무는 너무 많은 가지를 내면
고생길에 든다는 걸 안다
서로 잎이 되려고
햇빛과 바람, 구름을 부둥켜안으려고 억지 부릴 때
위험한 줄 잘 안다 그걸 빤히 알고 있는 비바람은
누군가 기다릴 때는 쉬 걸음하지 않는다
상수리나무는 버리고 꺾어내야 할 것들을 알고 있다
그러므로 나무는 그냥 나무인 척 가만히 서 있어야 한다
그러므로 내가 상수리나무가 아니고
도토리 열매가 아닌 것이 마땅하다
겨울이 지났다고,
나의 생은 더 이상 춥고 몸서리칠 일 없다고
말하면 안 된다 말이 씨가 되기 때문이다
나는 세상에 너무 많은 말들을 씨앗처럼 뿌리고 잠재우며
살았다
그것들은 새가 되지 못한 채 어디론가 쓸려 다니고
밟히면서 흔적도 사라지고 없다
내가 무수히 지우고 뭉개며 터트려 놓은 무정란의 씨앗들,

이제 봄은 언제든 다시 온다고 노래하는 것도
모두 터무니없는 헛소리다
상수리나무가 꺾이지 않으려면 온몸으로 흔들리며
제자리에 서 있어야 한다
내가 도토리나무가 아니고 상수리나무는 더욱 아니고
새가 아니어야 하는 이유가 바로 여기에 있다

궁리

아침에 두리번 두리번 단비 다녀가고
풀을 맨다
아무리 약을 뿌리고 뿌리째 도려내어도
새파란 자식들 잘도 건사하는
풀을 보면
사는 궁리가 따로 없다
마른 땅 젖은 돌밭 아랑곳 않고
막무가내로 목숨 부지하고 보는 것이다
그래, 그까짓 족보는 파낼 수 있어도
흐르는 피까지 끊을 수 없다면
아버지를 잘라내고
어머니를 가슴에 묻고도
눈물 한 방울 흐르지 않을까 싶어서
잡풀을 송두리째 뽑아놓은 개운한 마음까지
지레 겁이 난다

빵으로 시를 노래하는 저녁

다 늦은 저녁, 시를 읽는다. 돈도 안 되고 말도 안 되는 시를 읽는 학생들의 직업은 선생도 있고 한의사도 있고 전업주부도 있고 회장님도 있다. 서로 하는 일이 다르고 습관이 다르고 혈액형이 다르고 사는 곳이 다르다. 이따금 시를 읽다가 누군가 꺼내놓은 빵을 나눠 들고 모두들 맛있다고 말한다. 왜 시는 빵과 곁들여야 맛이 있는지, 왜 사람들은 입으로만 빵 맛을 느끼고 살아가는지 알고나 있냐며, 어쩌면 사람의 눈에는 혀가 달려 있을 거라고 누군가 말했다. 한쪽에서 빵조각 대신 아까 읽다 만 시를 눈으로 뜯어먹고 있는 주부 학생은 눈에 혀가 달린 게 분명했다. 생각해보면 시는 쓰는 것이 아니다. 영감을 얻어 쓰는 것도 아니고, 눌러 짜서 나오는 아이디어 물감은 더욱 아니다. 밀가루 아토피 때문에 염색을 못한다고 투덜대는 주부 학생이 빵보다 시를 즐겨 뜯어야 하는, 이 오지게 따뜻하고도 스산한 현실, 바로 이 순간이 시다.

마지막 퇴근

마지막 출근 버스를 타고 가다가
이 버스는 왜 자꾸만 나와 같은 길을 돌아 나올까,
생각하다가
마지막 퇴근 시간에 서랍을 정리하다가
왜 내가 걸어온 길에는
버리기 아까운 물건들이 많이 떨어져 있을까,
주섬주섬 생각들을 집어 들었다가
다시 놓아주다가
책상의 물건들을 상자에 쓸어 담다가
텅 비어가는 서랍을 살살 어루만져주다가
이다음 책상의 주인은 어떤 얼굴로
내가 걸어온 길을 따라와 줄까
곰곰 되씹어보다가
그 사람을 위해 나는 무슨 말을 적어놓을까
빈 책상 서랍에 무언가를 주섬주섬
주워 담아 보다가,
문득 빨간 볼펜을 떠올렸습니다
이다음 책상의 새 주인도 빨간 볼펜을 들고

내가 걸어온 길을 따라오면서
마디마디 빨간 밑줄을 그어주기를 바라며

풍경(風磬)

저녁연기의 망설임같이, 어디 물고 두드릴 데 없어 심심하기 짝이 없는 몸뚱이가 그 못 견디게 심심함을 밀어내려는 간지러운 수작같이, 어느 말더듬이 사랑같이. 지금 막, 절집 귀때기 한쪽 따 물고 돌탑 모서리 돌아 나오는 풍경(風磬)같이, 비애가 묻은 누런 울음같이

빈집

사람이 살다 비운 집에 눈먼 샛별 하나 가만가만 다녀가십니다

산 넘고 물 건너 내가 돌아왔다고 빗방울 저 혼자 떠들다 갑니다

배앓이

먹구름 꾸물거리다 가더니
아랫배에 멍이 슬었다
그 희디흰 멍을 움켜쥐고 저녁달이 뒹굴었다
달도 나이 차면 헛배 나오고
어둠 속을 밝힌 죄 때문에
한쪽으로 멍들어 뭉그러진다
그러다 못 견디면 이 산 저 산 돌아눕는다

그날도 저녁 별들이 어둑어둑 칭얼대고 있었고
어머니가 메인 목에 소다 한 줌 털어 넣으며
맨가슴을 퍽퍽 치대고 계셨다
그런 날은 아버지도 끝내 돌아오지 않으시고
밤새 아무도 대꾸하지 않았다

내가 알약을 까먹고 막 잠이 들었을 참이었다
더 이상 어머니가 가슴을 치대는 일은 없을 것이나
잠든 내 아랫배를 한없이 문지르며
약손이 되어 달라고 어머니는 빌었을 것이다

사람의 몸을 어르고 달래는 것은
알약이 아니라 사람이라고,
어머니가 내 상처에 대고 자장가를 켜주는 일도
모질게도 아름다운 사람의 손이었다

어머니와 달이 환하게 겹쳐지고
나는 어머니의 손을 아랫배에 올려놓고
가만히 눈을 감고 있었다

눈치

지붕도 기둥도 없는 둥지에서
제 핏덩이 건사하는 까치집을 마주하고 산다
나는 늘 춥고 배고프고
다 자란 자식들도 자꾸만 징징댄다
얼어붙은 쓰레기봉투에서
빵 부스러기를 물어 나르는 까치와 정면으로 마주쳐도
가만히 걸음을 멈춰주는 일밖에는
딱히 내가 거들 게 없는데
먹어도 먹어도 배고픈 내 자식들이
눈에 밟혀서 건널목에 뛰어드는데
급브레이크를 밟으며 징징대는 자동차들
어떤 자는 오지 않는 때를 기다리고
어떤 자는 제 선을 벗어나 돌진하기도 한다
손에 들고 있는 만두는 식어가고
쓰레기봉투에서 한 발 뒤로 물러나 있는
까치와 나 사이에서
신호등 불빛이 이러지도 저러지도 못하고
가만히 눈치만 보고 있다

입춘

오늘 아침 칼바람이 쥐똥나무 밑동에서 한나절을 이빨만 갈다가 소리쟁이 엉덩이 아래로 으슬으슬 파고들었다

소금

소금은 꽃이 되려고 바다로 나아갔다
바다는 건너는 게 아니라고
구름 걷힌 날 바다를 넘어야 비로소 꽃이 핀다고
멀리 물살 저어 나아갔다
꽃이 되려는 사람들이 바다로 나아갈 때
아버지도 꽃이 되려고 수차를 돌렸다
온몸에 꽃을 피우려고 바닷물을 돌렸다
햇덩이도 철썩이며 따라 돌았다
그러나 정작 꽃이 되어 돌아오는 사람은 없었다
옛날 심청이도 끝내 돌아오지 않았다
달이 동그랗게 차오르면
밤새 바닷물은 어디론가 길을 내며 떠나고
갯가에서 여름 꽃뱀이 살 비비며 울었다
꿈속에서 꽃뱀을 만나면 천둥이 운다고
아버지는 해도 없는데 수차에 올라 바닷물을 돌렸다
바닷물이 제 뼈를 갈아서 흰 뼈가 구르면
거기가 바로 바다 너머라며
바닷물이 돌아오려면 한참 멀었는데

아버지는 자꾸만 빈 수차를 돌렸다
그런 날은 소금꽃이 몰래 피었다가 시들었다

저녁이었다

달이 어느 산봉우리에 엎드려 있는 저녁이었다
잎사귀만 한 석녀(石女)가 첫 달거리 하는 저녁이었다
누구라도 꼭꼭 숨어버리고 싶은 두렵고 두려운 저녁이었다
자작나무가 제 속살을 오돌오돌 파내던 저녁이었다
천둥에게 몸을 던져 꺾어지고 부러지고 싶은 저녁이었다
벼락 맞은 대추나무가 송알송알 주술 부리는 저녁이었다

달이 꽃이 되었으므로
내가 달이 되어 동그랗게 차올랐으므로
비로소 내가 발정 난 흰 개처럼 더운 김을 뿜어대며
으르렁거려 보는 저녁이었다

노란 슬픔

어머니 세상 떠나시던 날, 아버지는 들어줄 누구도 없는 노란 셔츠 입은 사나이를 혼자 부르시다가 채 2절이 끝나기도 전에 어머니를 따라 흘러가셨다. 회현동 음반 골목도, 노래하던 노란 셔츠 사나이도, 아버지를 따라 어디론가 떠나버리고 노란 셔츠만 덩그러니 남았다.

아버지는 어머니를 사랑하고, 어머니는 노란 셔츠 입은 사나이를 사랑하고, 나와 아버지와 어머니 사이에서 영문도 모른 채 걸려 있는 노란 셔츠만이 사랑을 부르짖는다.

작금엔 노란 셔츠 그런 터무니없는 사랑 안 보이고 노란 셔츠도 안 보인다. 옷장에도 카메라에도, 서랍에도 노란 셔츠 그림자가 얼씬거리지 않는다.

구름 이불

구름 이불이 터졌다
실밥이 풀리고 솜구름이 삐져나왔다
어젯밤 솜사탕 꿈이 풀풀 묻어 있는 구름 이불
아버지는 어머니에게 옛날의 첫눈이다
어머니는 뭉개진 이불을 꿰매는 게 아니라
첫눈을 기다리는 거라고, 바늘귀를 더듬거리며
깨진 조각 꿈들을 그러모은다
이불을 덮고 누우면 보송보송 만져지는 꿈
나는 뜬구름 잡으러 가신 아버지를 꿈꾸고
어머니는 첫눈을 올려다보며
아버지를 기다리신다

누런 살 냄새가 좀 나면 어떤가,
오늘밤은 식구들이 나란히 솜사탕 물고 잠들어 봤으면
나도 언젠가는 첫눈이나 솜구름이 될 것이다
어머니 몸에서 솜구름이 말랑말랑 부풀어 오르면
그 하얀 구름 이불 덮고
나도 아버지처럼 자꾸만 어딘가를 풀풀 흘러 다닐 것이다

아무리 손을 휘저어도 잡히지 않는
구름 이불 속에서 우리 아버지, 밤새 안 오시고
어머니 몸에서 구름송이 펄펄 삐져나올 것이다

산중 담화

오늘은 먼 곳에서 칼바람 들고요, 나무와 새들은 누구를 위해 노래 불러줄까요

제4부

외설과 예술

그토록 자랑하고 싶은 몸뚱이와 그지없이 부끄러운 몸뚱이 사이에서 나는 울었다

춘자다방

대추나무 아래 정체되어 있던 그늘이
환하게 풀려 나오는 봄날,
비비새 울음 쨍그랑 쏟아지네
고삐 풀린 망아지처럼 집 나와 떠도는 길에
회칠이 벗겨진 양철 간판을
막 지나치고 나서
평생 후회하고 살아갈 뻔했던 이름,

춘자다방에는
내가 알고 있는 옛날의 춘자는 안 보이고
틀니를 달싹거리며 졸고 있던
다방 할머니의 어색한 주름 웃음 너머로
철 아닌 대추꽃이 반기네

뒷걸음치는 강아지처럼 발을 빼고 싶은데
도대체 이 세상 사람 같지 않은 그 할머니가
걸쭉하게 끓여 내온 커피를 마주하고 앉아
약사발을 받아든 장희빈을 떠올리네

소리가 꽃을 피울 때

숲은 푸른 그물망입니다
도토리 나무둥치 사이로 그림자 어른거리고
잿빛 안개 걸어와 낙엽 밑을 파고들면
게으른 물소리 마른 넝쿨 타오르고요
골짜기마다 어디서 굴러온 먹장구름일까요
천둥 구르고 비구름 울면 끝내 물이 되어버린
내 몸 어디에, 채울 수도 덜어낼 수도 없는
물소리가 악기를 켭니다
젖은 나뭇가지 끌어당기는 저 바람에게
온몸 들이밀어 한참을 거기다 대고
이 마음 펄럭이다 보면,
바람 소리에 하늘거리는 몸뚱이가
현을 뜯고 있답니다
겨울 물소리 하늘가에 떠돌고요,
말갛게 서 있는 도토리나무 가지 끝에 가서
소리가 꽃 피우는 겨울 빗방울 속으로
절, 절 물소리 꽃 피우러 갑니다

커피 애인

온다는 사람은 안 보이고 커피가 냉큼 왔네
하나도 기쁘지 않은 커피, 애인은 양화대교를 건너고
나는 맞은편 빈자리에 대고 가만히 말을 건네 보네
커피같이 쓰디쓴 애인
나는 커피잔을 만지며 애인을 기다리네
심심할 때 커피같이 구수한 애인,
나는 사랑하고 싶은데, 커피를 사랑하고 싶지 않은데
입술이 까맣게 타들어 갈 것만 같은데
오지 않는 애인을 기다리네
사랑은 달달해지고 커피는 잘도 식어 가는데
애인은 아직도 양화대교를 건너고 있네
사랑해야 하는데, 애인에게 건너가야 하는데
그녀와 나 사이에 자꾸만 커피가 끼어드네
내게 너무 가혹한 커피, 나는 사랑을 말하고 싶은데
애인은 추억을 만들자며 자꾸 커피를 불러들이네
바리스타가 꿈이라는 애인
남은 생은 커피와 연애하며 살겠다는
커피 우유 같은 애인,

애인을 기다리다 돌아온 날
억울하고 분해서 밤새 잠을 설치네
내게는 너무 나쁜 커피 애인이네

줄

나는 줄만 서면
바닥이 보이거나 밀려났다
내가 줄을 서려 하면
하이마트 신장개업 사은품은 벌써 바닥이 났고
교련 시간 선착순은 늘 내 앞에서 끊어졌다
내가 가쁜 숨 누르며
운동장을 두 바퀴나 돌아온 사이
친구가 약대를 수석으로 나오고
다른 친구가 정치에 몸 던져 줄을 서 있는 사이
담쟁이가 그 많은 잎사귀를 거느리고
벽을 오르고 솜털구름으로 차오르는 사이
내가 사방을 허우적거리며
손에 잡히는 무언가를 잡아보려는 사이
두 친구는 마스크로 줄을 세우고
나는 친구의 약국 앞에서
마스크가 바닥나고 먼 줄이 끊어질 때까지
멍하니 서 있다가 선착순에서 밀려났다

눈물 관광

참나무가 눈물 짜고 있다
눈살 찌푸리며 훌쩍이다가
서럽게 서럽게 왈칵 눈물 쏟아낸다
잎사귀마다 그렁그렁 차오르는 눈물
백 년은 족히 참아온 울음이다
산이고 강이고 눈물바다인데
제 울음의 무게를 겨우 견뎌내는 가지 하나에서
나부끼는 잎사귀들,
저 슬프디슬픈 잎새들 아래서
촉촉하게 발목을 적시러 온 사람들이 줄을 잇는다
남의 피눈물이 바삭바삭 부스러질 때까지
철없는 몸 마구 흔들어댄다

시월의 아침

시월의 아침 비는 오지 않기로 약속했다 오지 않는 나비들이 먹구름을 뚫는가 검은 하늘의 저 엷은 숨구멍들 아직은 고백할 수 없는 것들 그러나 나비를 떠올리면 안 되겠다 그는 개인 하늘을 스케치하고 있었다 하늘에는 나비가 없었다 그의 눈동자에 해와 구름이 얼씬거리지 않았다 목이 부러지고 꺾인 억새가 절뚝이며 찾아온 시월의 마지막 아침, 쓸쓸한 나는 그리운 얼굴을 먹장구름 속에서 떠올리지 못했다 캔버스에서 수많은 여름날이 흘러들었다 그의 붓끝이 안단테 안단테 나비처럼 권태롭고 지루하다 모든 떠올리는 여름날의 풍경은 아름답다 순결하기 때문이다 곧 시월이 등을 보이며 나를 떠날 것이다 그러나 말할 수 없는 것에 대해서 오래오래 침묵해야 한다 그런 쓸쓸한 아침 누군가 빗방울 뿌려준다면 나는 가을비를 따라 나설 것이다 빗속으로 돌아가는 그를, 살균표백 된 갈빛 하늘을, 나는 오래오래 바라본다 아무튼 이 그림은 현실적이다 두려움은 아름답겠다 마침내 가을비 내린다 유리문에 그려놓은 나비들이 흠뻑 젖는다 그는 이제 아침에 만날 수 없는 사람이다 느린 그림자처럼 희미한 기억 속에서 그의 이름을 나비라고 부르지 않겠다 젖은 숲에서 마른 숲으로 나비들이 떠나고 텅 비어가는 개인 하늘을 본다 수많은 여름날이 빗소리에 떠내려간다 캔버스는 시월의 아침을 기억 속에서 지운다 밤새 쓸쓸한 내가 들려준 이야기마다 날개를 달아주는 시월의 아침 그리운 그가

숲으로의 산책

숲은 하얗게 뼈를 비우고 있다 돌배나무 가지 사이를 막 돌아 나온 바람이 잠들지 못한 잎새 울음을 가을날의 능선으로 밀고 간다 숲은 마주하기를 즐겨 하고 돌배나무와 칡넝쿨이 서로 부둥켜안고 맨살 비비며 입맞춤한다 그늘의 온전함과 무심히 지나가는 바람의 무늬들, 나이테와 옹이 박힌 나무들의 꿈은 그지없이 고요하다 숲은 한순간 이별 직전의 침묵처럼 무겁기도 하다 열매와 꽃을 떠나보내고 안으로 푸른 그늘의 고요를 뿜는다 숲에 이르면 이끼들의 초록 돌기의 꿈이 보이고 웃자라는 가지들의 소란함이 보이고 가지 사이에 얹어놓은 둥지가 보이고 밤마다 대책 없이 외출하는 새가 보인다 흙속에서 근심 많은 뿌리들의 잔기침이 들려온다 때로 숲길에 이르면 주술에 걸린 한 남자가 돌배나무로 서 있고, 그 남자의 육체 안에서 나이테를 감아올리는 한 그루 나무가 자란다

울음

비가 오면 산으로 들로 둘러싸여 있는 골짜기를 떠돌았습니다 물거품을 물고 반겨주던 주문진 부둣가, 비 내리는 수덕사에서 제 눈물 스스로 내어주는 고로쇠나무를 보았습니다 아버지 굽은 등처럼 늙은 백송이 제 무게를 이겨내는 옆자리에서 애기똥풀이 울고, 가슴에 금이 간 쑥부쟁이가 흐느껴 울었습니다 그 울음을 딛고 뿌리내리며 살아가는 나무와 새들을 보았습니다 서로 말이 통하지 않아도 스스럼없이 눈물 대신 잎사귀를 내밀고 꽃비를 쏟아주었습니다 가슴이 홍건했습니다

출사

칡덩굴도 가까스로 뻗어 오른 암벽에
카메라들이 그 넝쿨을 끌어 잡고 오른다
봄풀이 겨우겨우 돋아나는 돌산 할미꽃이
꽃등을 켜고 있는 아슬한 둘레,
앞서 오른 카메라들이 풀을 뜯는다
이다음 카메라가 할미꽃만 남기고 아예 뿌리째 뽑는다
친환경 제초 작업이다
풀들이 뽑혀 나올 때마다 돌산이 통째로 흔들렸다
이맘때면 고향집 어머니가
미나리꽝 옆 샘 밭에 웅크리고 앉아
뽑아도, 뽑아도 웃자라는 잡초를 매고 계실 참이다
풀들이 뽑혀 나간 자리에서 보니
할미꽃은 목욕실 앞에서 순서를 기다리는
요양병원 노인 같다 그러고 보니 할미꽃은
조연 없는 주인공이거나 늙은 여자 모델 같기도 한데
생각해보면 한없이 적적해 보이기도 하고
괘씸하기 짝이 없는 다큐멘터리 같거나
아무튼 심심한 저녁 9시 뉴스 같다

이 산 저 산 봄풀이 피어오르는 봄밤,
어머니는 아들 손자에게 보내려고
낮에 뜯어온 나물을 다듬고 계실 것이다

봄밤

비가 옵니다 작정하고 눈물바람입니다 어디 쏟아놓을 데 없는 새들의 울음, 누구에게 꽃 피워 줄 데 없는 풀꽃들, 마땅히 흐를 데 없는 저녁별들이, 홍자귀나무 발등에 이르러 피눈물 쏟아내는 봄밤입니다

잠

마른 목을 빠뜨렸습니다 사람에게 말 붙일 수 없는 벼랑에서 발끝을 끌어당겨 봅니다 그대가 들려주던 노래, 빛 한 줄 새어들지 않는 새 둥지도 죽음처럼 막막합니다 나도 그대도 그 누구도 어린 새들에게 손 내밀어 주지 않고, 세상은 아득합니다 여기가 칼바람의 시작이라고, 암막 두른 몸이 펄럭입니다 부르튼 손끝에서 검은 상처들이 새살을 밀어 올립니다 그 상처의 붕대를 풀면서 그대가 걸어옵니다 아니 달려오고 있습니다 돌아누운 몸 너머로 그대가 사라지고 나면 나는 벼랑 끝에서 발꿈치를 들고 서 있습니다 목까지 차오르는 그늘이 보입니다 굴참나무 잎사귀가 내 콧잔등에 흘려주던 비린내가 어지러워서 나는 나부껴야겠습니다 오래오래 펄럭이겠습니다 그대와 나 사이에 검은 물살이 출렁입니다 목까지 홍건하게 차오르고, 세상은 그림자로 홍건해집니다

사랑이 가네

그녀가 가네 여름 이파리 잠재우고 바람이 가네 혼자가 두려워 손짓하는 어린 가지들 내게 입맞춤하던 스산한 그늘 속의 잎새들 그녀의 물기 어린 눈빛도 가네 마른 나뭇잎 울먹울먹 흩어지고 풀잎들 멀리 숨어버리면 하얀 붕대 감은 겨울나무들 신음이 들리네 가지 사이에 지어 올린 빈 둥지 안에서 밤마다 외출하는 새들의 날갯짓이 보이네 내게로 와서 내게 머물지 못한 글썽한 내 사랑이 가네 숲이 가네 울고 있는 나무 둥치 사이로 나뭇잎도 지워지고 기다려줄 몸부림의 주인도 없이 나뭇잎 같은 사랑이 가네 푸르던 날 내가 밀쳐냈던 쥐약 같은 내 사랑 따스했던 숲이 가네 그녀가 가네

꽃피는 애인

가을이 오고 애인이 가네 애인을 물들이며 가을이 오네 너무 많은 애인들의 얼굴 떠오르지 않는 가을날의 이름들, 비바람에 가지들이 흐느껴 울고 눈비에 쓰러져 간 잎새들, 나무둥치 사이로 애인을 버리고 서성이는 사내가 있네 저 사내가 걸어온 길에 서리가 내리고 억새가 불타고 있네 그 불길이 타오르다 그친 자리서 사박사박 사내의 발등을 덮어주던 눈송이들, 첫눈이 오고 애인이 떠나네 눈 속에 숨어 있던 찔레가 물드네 사내의 발등에 구르는 저녁별들의 노래 이따금 내게 말걸어주던 가을날의 꽃송이들이여, 가을이 오고 애인이 가네 겨울이 오고 진눈깨비 꽃 피네 애인을 버린 사내가 아프게 아프게 나부끼네

중심

나뭇잎이 물드는 철이면 새들이 집을 나간다
산으로 들로 풀씨같이 나부끼다 온다
갈대꽃 바스러질 때까지 한없이 흔들리다가
돌아오는 바람난 당신,
당신이 없는 집은 고요하고 불안하다
밤늦게 걸려 오는 전화기 울음도 정겹고 떨린다
그런 당신의 철없는 행각을 나는 말릴 재간이 없다
흔들리기 때문이다
하물며 꿈속에서도 나는 자꾸만 기우뚱거린다
생각해보면 당신이 없는 집은 늘 중심이 없다
하물며 세상 모든 애인들은 서로의 등 떠밀며
함부로 버리기도 하고 떠나려 한다
그러므로 가을은 누군가에게 버림받고 싶은, 아픈 계절이다
가지를 떠나 구르는 붉은 잎새들,
집 나온 어린 새가 온몸으로 버티며 부르는 노래
끝까지 용서가 안 되는 첫사랑 당신도
슬며시 나를 흔들며 어슬렁거린다
나는 중심이 없는 빈집에 오롯이 앉은 채

나뭇잎 같은 시를 주워 들고
올가을 당신이 들고 올 단풍 냄새를 기다린다
더는 흔들릴 것도 없는 막막한 저녁 하늘의 별들이
중심을 잃고 발등에서 구른다

흐린 날

먹구름 한 척 빈 들을 절뚝이며 스쳐 갈 즈음 밭이랑 풀잎 사이 푸른 목덜미에 숨어서 흐린 얼굴로 돌아온 너를 만나는 순간,

가슴속을 들이치는 검은 빗방울

나는 산맥을 넘어온 암흑이 된다 특별한 눈물이 된다 비애가 된다 너의 어두운 울음이 된다

해설

미메시스 그리고 일상의 환상성

이병철(시인·문학평론가)

인간은 일평생 자기 이외의 것에 대해선 알지 못한다. 아니 어지간해선 자기 자신도 모른다. 고대 그리스 델포이의 아폴로 신전 기둥에 새겨졌다는 격언 "너 자신을 알라"가 소크라테스의 말로 널리 알려지면서 제 주제와 분수, 깜냥을 알라는 의미로 지금껏 통용된다. 하지만 이 말의 진의는 따로 있다. "너 자신의 무지함을 알라"는 것이다. 인간은 우주 만물과 세상 만상 어느 하나도 깨우칠 수 없으니, 섣불리 진리니 본질이니 논하지 말고 자기 마음이나 들여다보라는 뜻이다.

그렇다면 무지한 우리는 세계를 알려는 시도조차 하지 말아야 하는 것인가? 사랑이 끝내 대상을 내밀히 알고 싶은 욕망이라면, 아무것도 알 수 없는 우리는 타자에게로 건너가려는 도약을 중단해야 하는 것인가? 그렇지 않다. 신은 불완전한 우리에게 '말'을 주었다. 우리는 '언어'를 통해 미지와의 간극을 좁힐 수 있다. 인간은 아무것도 모르지만 언어는 모든 것을 안다. 태초에 세상보다 말씀이 먼저 있었다. 말씀을 통해 세상이 창조되었다. 태초는 언어가 원관념이고 대상이 보조관념인 세계였다. 그때 언어는 대상을 묘사하고 수식하기 위한 외부적 장치가 아니라 대상을 직접 창조하고 진화시키는 내재적 힘이었다. 말씀이 부여한 기질에 따라 생명들은 세상에서 살아나갔다. 그래서 이 '말씀'을 로고스(logos), 원리와 법칙이라고 했다.

동양사상은 "말하여지는 순간 진리가 아니"라면서 개념과 언어 사이의 불일치와 왜곡, 굴절을 일찍이 수용했지만, 언어에 대한 이 엄격주의는 결국 말하여지지 않는 말, 말할 수 없는 말이 곧 진리라는 사실을 역설적으로 나타내준다. 궁극의 진리란 말이 닿을 수 없는 곳에 있다는 언어도단(言語道斷) 역시 마찬가지다. 언어도단이 지시하는 '말'이란 한계와 불완전함을 지닌 범인(凡人)들의 말이다. 그러므로 표현의 한계를 뛰어넘는 언어, 의미의 불완전함을 극복하는 언어라면 기꺼이 진리에 가닿을 수 있다. 이것은 불가능의 가능성이지만, 여기 도전하는 이들이 바로 시인이다.

상수리나무는 너무 많은 가지를 내면

고생길에 든다는 걸 안다
서로 잎이 되려고
햇빛과 바람, 구름을 부둥켜안으려고 억지 부릴 때
위험한 줄 잘 안다 그걸 빤히 알고 있는 비바람은
누군가 기다릴 때는 쉬 걸음하지 않는다
상수리나무는 버리고 꺾어내야 할 것들을 알고 있다
그러므로 나무는 그냥 나무인 척 가만히 서 있어야 한다
그러므로 내가 상수리나무가 아니고
도토리 열매가 아닌 것이 마땅하다
겨울이 지났다고,
나의 생은 더 이상 춥고 몸서리칠 일 없다고
말하면 안 된다 말이 씨가 되기 때문이다
나는 세상에 너무 많은 말들을 씨앗처럼 뿌리고 잠재우며 살았다
그것들은 새가 되지 못한 채 어디론가 쓸려 다니고
밟히면서 흔적도 사라지고 없다
내가 무수히 지우고 뭉개며 터트려 놓은 무정란의 씨앗들,
이제 봄은 언제든 다시 온다고 노래하는 것도
모두 터무니없는 헛소리다
상수리나무가 꺾이지 않으려면 온몸으로 흔들리며
제자리에 서 있어야 한다

내가 도토리나무가 아니고 상수리나무는 더욱 아니고
새가 아니어야 하는 이유가 바로 여기에 있다
—「내가 새가 아니어야 하는 이유」 전문

나정호는 말의 초월적 힘을 믿는 동시에 '나'의 불완전함을 아는 시인이다. "말하면 안 된다 말이 씨가 되기 때문"이라며 말이 지닌 주술적 힘, 옥타비오 파스가 "마법사의 행위"라 말한 '시적 작용'을 함부로 사용하길 경계하는 한편 "내가 도토리나무가 아니고 상수리나무는 더욱 아니고/새가 아니어야 하는 이유"를 '말'의 완전함과 대비되는 자기존재의 불완전성에서 찾고자 한다. 이러한 나정호의 태도를 종합해보면, 진리에 닿는 말이란 결국 '말'에서부터 '나'를 지워낸 말, 인위와 부조화를 벗어낸 말, 획일화된 의미와 낡은 관념에서부터 자유로운 말일 것이다.

로버트 저메키스 감독의 1997년 영화 〈콘택트(Contact)〉에서 과학자 역할을 맡은 주인공 조디 포스터는 우주선이 웜홀을 통과하는 순간 이렇게 외친다. "뭐라 표현할 수 없어. 젠장, 시인이 왔어야 해!"라고. 인간은 표현의 한계 앞에서, 어떤 말도 떠오르지 않아 침묵해야만 하는 절망 앞에서 시인을 떠올린다. 시인은 표현 불가능한 것을 표현해주는 언어의 구원자, 인간과 세계 사이의 괴리를 말로 이어주는 매개자이기 때문이다.

나무 아래서 손 벌리면 별이 몇 점 열린다
그 별들이 덜컹거리며 으스러지기도 하고
나부끼다가 쏟아지기도 한다
별자리보다 먼 서쪽 하늘에 대고
입 벌리고 서 있으면
가지 사이로 별들이 뉘엿뉘엿 물들고
내 몸에 떨어져 뒹굴던 해거름의 잎사귀들
발등에 피어오르던 풀꽃 그림자들
어린 날 떫고 비리던 달새 울음도
황망히 들려온다 그런 깡마른 봄밤에
말랑말랑한 뭇별 한 점 꺾어다가
가지 끝에 걸어둔다
달밥이 둥실 떠오르는 봄밤
달동네 사람들은 달을 어디에 걸어두고 살아갈까
나는 배고픈 새들의 길을 하늘 꼭대기까지
환하게 열어둔다
그러다가 둥지에서 슬그머니 잠든다

—「달밥」 전문

나정호는 우리가 달빛 환한 봄밤의 아름다움을 표현하지 못하고 “젠장, 시인이 왔어야 해!” 외칠 때 기꺼이 나타나줄 시인이다. 경이로운 장면 앞에서 우리의 일상어가 쩔쩔 매고 있을 때, 언어의 신비한 힘이 필요한 바로 그 순간 조용필처럼, 나훈아처럼 등장하는 시인이다. '나'와 세계가 합일하는 순간의 희열이 서정이라면, 그는 우리와 세계 사이, 인간과 자연 사이 아득한 간극에 시어(詩語)라는 사다리를 놓아 우리를 서정에 이르게 한다.

워즈워스는 "내 하루하루가 자연의 숭고함 속에 있기를"(「무지개」) 기도했다. 낭만주의 시인들은 자연의 언어를 읽을 수 있었는데, 무지개를 보면 가슴이 뛰는 이유를 알았고, "나무 아래서 손 벌리면 별이 몇 점 열린다"는 사실을 눈치챘다. 그리고 그 비밀을 언어로 풀어냈다. 시인들은 그 특별한 해독의 체험을 '영감'이라고 불렀다. 자연은 영원하고 완전하기에 영감 또한 마르지 않는 단비처럼 오는 것, 영감에 의한 미메시스(mimesis)는 항구적인 창작 원리로 여겨졌다. 그러나 자연이 상실되어버린 오늘날은 영감이 오지 않는 시대, 무지개를 선물로 주던 자연은 빈털터리가 되어 '숭고한 자연'은 이미 사라진 환상에 불과하다.

하지만 나정호는 "내 몸에 떨어져 뒹굴던 해거름의 잎사귀들"과 "발등에 피어오르던 풀꽃 그림자들"과 "어린 날 뗣고 비리던 달새 울음"을 노래한다. 그가 "깡마른 봄밤"에도 "배고픈 새들의 길을 하늘 꼭대기까지/환하게 열어둘" 수 있는 것은 여전히 미메시스가 가능한 세계에 사는 까닭이다. 나정호의 시에서 미메시스는 결국 하나의 '정신'으로 수렴된다. 모방의 대상으로서의 자연이 물질적 실재보다 이데아적 세계에 가깝다면, 그것을 옮기는 언어는 인위와 삿됨이 제거된 순수 언어, 태초의 말씀처럼 대상 그 자체인 로고스적 언어가 되어야만 한다. 하지만 그 언어는 우리에게 없다. 우리가 웜홀을 통과하는 과학자처럼 표현의 한계 앞에 절망하는 것은 인간의 지식과 이성과 관념이 언어를 왜곡하고 변형시켜 끝내 순수 언어에 다다르지 못하게 하기 때문이다.

카메라를 들면 무언가 받아 적고 싶어진다 빈손으로 보내기에 미안했던 가을날의 나무와 새들, 이따금 내게 말 걸어주던 기억 속의 싱싱한 얼굴들, 한번 가서는 돌아오지 않을 이파리 같은 그녀의 이름도 몰래 적어둔다 짜릿한 순간들을 온몸으로 찰칵찰칵 받아 적으며 내게 이름 불러주던 사랑스러운 빛줄기들, 저기 깜빡이는 눈빛들이 부시게 소스라치는 울음 한 컷도 선명하게 받아 적는다 하늘가에 울먹이던 발목 삔 먹구름, 그 먹구름이 절뚝이며 걸어가다가 지우고 뭉개버린 모퉁이의 어스름, 별들의 눈짓도 가까이 당겨본다 아무리 벗어나려고 몸부림쳐도 자꾸만 벼랑 앞이던, 그래서 두려움에 떨던 어린 날의 촉촉한 눈망울, 그 가녀린 눈망울 너머로 그리운 아버지가 뭉게뭉게 걸어오시고, 저녁의 뭉게구름 너머로 새 필름을 갈아 끼운 내

가 아버지의 한 생을 받아쓰기 한다

—「카메라 일기」 전문

그렇다면 미메시스는 불가능한 꿈일까? 적어도 나정호에게는 그렇지 않다. 그는 자신이 언어를 통제할 수 있다는 오만함을 버리고 언어의 충직한 마름을 자처한다. 자연을 있는 그대로 받아 적으면서, 말이 말을 부리는 언어의 신비한 힘에 감히 개입하지 않으면서, 언어가 지나가는 통로이자 언어의 대언자가 된다. 시인이 자기존재를 언어가 드나드는 신전으로 활짝 내놓을 때, 샤먼이 신과 인간을 연결하는 매개자가 되는 것처럼 시인 또한 자연과 인간을 이어주면서 우리가 잃어버린 서정을, 우리 안에서 떠나가 버린 어린아이와 시인을 회복시켜준다.

인용 시에는 "받아쓰기" 하는 "카메라"로서의 시인이 부각된다. '조화석습(朝花夕拾)'은 중국의 대문호 루쉰이 한 말이다. 문자 그대로 "아침 꽃을 저녁에 줍는다"는 뜻이다. 아침에 길 위로 떨어진 꽃을 곧장 빗자루로 쓸어버리는 게 아니라 비록 낙화일지언정 아직 남은 빛깔과 색채가 다 발하여질 때까지, 아침 태양의 싱그러움과 오후의 환함과 저녁 해거름의 쓸쓸함과 각각 겹쳐져 '뜻밖의 정경'이 될 때까지 가만히 두는 '기다림'의 자세를 의미한다. 시 쓰기로 옮겨왔을 때, 조화석습은 대상을 섣불리 판단하거나 피상적으로 해석하려는 상투적 사고에 경종을 울리는 메시지가 된다.

시인이 "하늘가에 울먹이던 발목 삔 먹구름, 그 먹구름이 절뚝이며 걸어가다가 지우고 뭉개버린 모퉁이의 어스름"을 받아 적는 것이 곧 조화석습이다. '나'보다 '말'을 믿는 시인은 대상보다 먼저 움직이지 않는다. 선불리 대상을 향해 접근하지 않는다. 가만히 들여다본다. 사물과 풍경이 스스로 움직여 '언어'로 전환되는 그때를 기다린다. 미메시스의 법칙 안에서 "세상은 사물들의 총체가 아니라 기호들의 총체다. 우리가 사물이라고 부르는 것들은 사실은 언어들이다. 산도 하나의 말이고, 강도 하나의 말이며, 풍경은 하나의 문장"(옥타비오 파스)이기 때문이다. 나정호는 함부로 대상에 의미를 부여하는 대신 대상의 빛과 소리와 냄새와 색채와 질감, 시인 자신과 대상 사이에 놓인 간격, 그 주변 세계가 다채롭게 변화하는 제3의 국면까지를 모두 받아 적는다. 그것들이 전부 '말'이라는 사실을, 그 신비한 "사랑스러운 빛줄기"들을 받아쓰기만 하면 "저녁의 뭉게구름"을 공유했던 "아버지의 한 생"마저도 함께 시로 새겨진다는 사실을 그는 알고 있기 때문이다.

> 숲은 하얗게 뼈를 비우고 있다 돌배나무 가지 사이를 막 돌아 나온 바람이 잠들지 못한 잎새 울음을 가을날의 능선으로 밀고 간다 숲은 마주하기를 즐겨 하고 돌배나무와 칡넝쿨이 서로 부둥켜안고 맨살 비비며 입맞춤한다 그늘의

온전함과 무심히 지나가는 바람의 무늬들, 나이테와 옹이 박힌 나무들의 꿈은 그지없이 고요하다 숲은 한순간 이별 직전의 침묵처럼 무겁기도 하다 열매와 꽃을 떠나보내고 안으로 푸른 그늘의 고요를 뿜는다 숲에 이르면 이끼들의 초록 돌기의 꿈이 보이고 웃자라는 가지들의 소란함이 보이고 가지 사이에 얹어놓은 둥지가 보이고 밤마다 대책 없이 외출하는 새가 보인다 흙속에서 근심 많은 뿌리들의 잔기침이 들려온다 때로 숲길에 이르면 주술에 걸린 한 남자가 돌배나무로 서 있고, 그 남자의 육체 안에서 나이테를 감아올리는 한 그루 나무가 자란다

—「숲으로의 산책」 전문

미메시스를 향한 의지와 언어의 초월적 힘에 대한 시인의 무한한 신뢰는 이번 시집에서 여러 편의 빼어난 메타시들로 형상화되어 나타난다. 그리고 그 메타시들에는 시 창작의 원리와 함께 오늘날 대중추수주의와 집단축제에 동참하지 않겠다는 엄격한 예술 정신이 새겨져 있다. 위의 시가 특히 그렇다. 나정호는 시 쓰기 과정을 숲의 생장으로 은유하면서, 사물과 "부둥켜안고 맨살 비비며 입맞춤"하는 농밀한 관계 맺기야말로 시의 가장 아름다운 방법론임을 설파한다.

보드리야르는 전통적 자연이 상실된 세계에서 재현은 불가능한 것이며, 현대사회는 재현의 대상인 오리지널이 아예 없

는 가상공간이라고 말했다. 우리는 가상성의 세계에 살고 있다. 가상성이란 쉽게 왜곡되고 조작이 가능한 신기루에 지나지 않는다. 오늘날 우리 시에서도 미메시스에 대한 믿음이 사라지면서 신기루처럼 내용 없는 형식주의, 경험 없는 자기감정의 절대화가 주도적 경향이 되고 말았다. 대상도, 풍경도, 타자도 없고 때로는 주체마저도 없다. 그래서 공허하다.

하지만 위 시는 어떠한가? 나정호에게 시란 언어 그 자체인 사물들과의 교감, 사물들과의 질펀한 성교다. 그는 무수한 언어들과 조화를 이루어 아날로지(analogy)적 화음, 즉 서정을 완성하고자 한다. "숲"을 "시"로 바꿔보면 시인이 전하려는 메시지가 더욱 명확해진다. "시는 하얗게 뼈를 비우고", "시는 마주하기를 즐겨하고", "시는 한순간 이별 직전의 침묵처럼 무겁기도 하"면서 마침내 제 안에서 "주술에 걸린 한 남자"를 "한 그루 나무"로 자라나게 한다.

겉으로는 나무들로만 울창해 보이지만, 숲은 막상 그 안에 나무보다 더 많은 물소리와 새 울음과 허공을 품어 키운다. 그러므로 숲에 들어가 숲이 되려는 사람 역시 숲처럼 제 안을 비워야만 한다. 시인은 자기중심적 사고와 기성의 관념을 비우는 자리에서 출발해 타자, 즉 대상과 마주하면서 자기존재의 치명적 도약을 준비한다. 그 과정에서 "이별 직전의 침묵"과도 같은 표현의 한계, 시니피에와 시니피앙 사이 낙차를 체험하며 좌절하기도 하지만, 충만한 최초의 영감인 "열매와 꽃"을 떠나보내는 아픔을 겪으며, 그럼에도 불구하고 "안으로 푸른 그늘의 고요를" 품는 인내와 훈련을 반복하며 마침내 "이끼들의 초록 돌기의 꿈"과 "흙속에서 근심 많은 뿌리들의 잔기침"을 그대로 옮겨 적는 미메시스에 성공하게 된다. "주술에 걸린 한 남자"가 시라는 숲속에 자기 생을 다 던진 시인 그 자신일 때, "그 남자의 육체 안에서 나이테를 감아올리는 한 그루 나무"는 새로운 시적 창조의 가능성이 된다.

새 벽지를 바르려고 꽃송이를 뜯어냈다
땟물 흐르는 중천 하늘이 부욱, 갈라지더니
바닥에 널브러졌다
꽃들이 꺾어지고 부러지면서 바닥에 나뒹굴었다
가을은 세상 모든 얼룩이 꽃으로 돌아오는 계절,
발가벗겨진 방 안에
피 한 방울 흐르지 않고 꽃물이 낭자했다
내가 잠에서 깨어날 때
함께 울어주던 아침 새들
꽃송이들의 입술에서 흘러나오던 색 바랜 노래들
그러나 언젠가 한 번은 내게서 멀어져 갈
잎사귀만 한 바람들,
벽에는 가을걷이 끝난 들판의 이삭처럼
곰팡이 구름이 알록달록 피어났다

나는 해묵은 가을 하늘을 걷어내고
새 얼룩을 피워 올릴 꽃벽지를 발랐다

—「벽지」 전문

우리가 나정호의 시를 신뢰할 수 있는 까닭은 그의 시가 소위 '뜬구름 잡는 소리'가 아니기 때문이다. 자폐적 혼잣말과 자기감정의 절대화도 문제지만, 자연을 노래하고 서정을 시도한다며 청산녹수만 찾는 낡은 관습이 우리 시단에 또 얼마나 많은가? 나정호가 시단의 경향에서 멀리 떨어져 자신만의 독자적 세계를 구축할 수 있는 것은, '받아쓰기'로 미메시스를 성취하는 겸손함 끝에 우리의 사소하고 평범한 일상을 환상적 세계로 바꾸어내는 힘을 발휘하기 때문이다. 나정호의 시에는 라틴 아메리카 문학의 '마술적 사실주의(magical realism)'를 연상시키는 매혹적인 상상력들이 나타난다. 이번 시집에서 가장 빛나는 시적 성취가 바로 여기에 있다. 그는 시가 멀리 있는 것이 아니라는 사실을 우리들 삶과 결부된 환상성을 통해 보여준다. 평범한 일상이 초월적 세계로 전환되는 순간이 바로 시라는 것을 설득하면서 그는 '익숙한 환상성', '일상의 환상성'을 마법처럼 펼쳐 보인다.

위의 시에서 "벽지"는 일상성의 기호다. 그런데 이 벽지를 뜯어내는 순간 "하늘이 부욱, 갈라지더니" "벽에는 가을걷이 끝난 들판의 이삭처럼/곰팡이 구름이 알록달록 피어난"다. 방

안의 벽지를 뜯어냈을 뿐인데, 계절이 가을로 바뀌며 방이라는 일상적 공간이 우주 자연으로 확장되는 이 환상적인 장면은 마치 싸움에서 진 호세 아르카디오의 피가 숲과 계곡과 대로와 골목을 흘러 엄마의 '주방'이라는 일상적 공간으로 흘러들거나, 빨래를 너는 일상적 행위를 하던 레메디오스가 하늘로 승천하는 마르케스의 『백 년 동안의 고독』을 연상케 한다. "어머니는 뭉개진 이불을 꿰매는 게 아니라/(…) 깨진 조각 꿈들을 그러모은다/(…) 구름 이불 속에서 우리 아버지, 밤새 안 오시고/어머니 몸에서 구름송이 펄펄 삐져나올 것"(「구름 이불」)이라는 상상력 역시 마찬가지다. 나정호는 우리의 평범한 일상이야말로 가장 초월적인 힘인 '사랑'이 발현되는 무대임을 증언하는 것이다. 모든 한계를 뛰어넘는 숭고한 모성이 우리의 삶을 기적으로 만들어준다는 사실을 노래하는 것이다. 태어나고 만나고 헤어지고 사랑하고 슬퍼하고 죽고 그리워하는 그 모든 인간의 일들이 가장 아름다운 환상임을 주장하는 것이다.

무엇보다 지금, 우리에겐 환상이 절실하다. 전 세계를 지배한 코로나19 바이러스는 인류에게서 현실 감각을 마비시켜 버렸다. 그동안 한 번도 경험해보지 못한 일이 벌어졌기에, 현실을 현실로 받아들이지 못하는 혼란감이 오늘날 세계의 공통 모드가 되고 말았다. 코로나 팬데믹이라는 비현실적 현실은 사람들의 현실 인식을 두 가지 양상으로 나눠놓았다. 어떤 이들은 이 비극적 시대 상황을 어떻게든 현실로 수용하려 하고, 또 어떤 이들은 아예 초월해서 망각하려 한다. 이때 수용과 초월에는 모두 환상성이 요구된다. 수용하려는 입장에서는 현실을 환상과 병치해야만 일종의 완충 효과를 기대할 수 있다. 소설이나 영화에서 보던 장면 안에 우리가 살고 있다고 생각하면 조금이나마 마음이 편한 것이다. 반면 초월하려는 쪽에서는 현실이 감각되지 않을 만큼 강력한 환상을 탐닉한다. 현실과 괴리된 허구의 세계 안에 머무는 동안만큼은 오늘의 비극을 잊을 수 있기 때문이다.

코로나 팬데믹 속에서 SF문학이 인기를 끈 것은 환상성에 대한 '지금, 여기'의 요구가 반영된 결과라 할 수 있다. 작년 한국 소설 판매량은 전년도 대비 30퍼센트 증가했는데, 특히 SF 장르가 6배 가까이 늘었다. 모든 사람이 마스크를 쓰고 다니고, 카드 내역과 QR코드, 스마트폰 위치 추적 등 전파 통신에 의해 통제를 받는 이 현실 자체가 판타지처럼 느껴졌기 때문일까? '흥미로운 이야기지만 내겐 일어나지 않을 일'이던 SF 소설이 '지금 여기에서 일어날 수 있는 일'로 체감되면서 사람들은 환상을 들여다보게 되었다. 환상을 통해 현실을 감각하거나 환상 안에 들어가 문을 걸어 잠그고 현실의 비극성을 차단하기 시작했다. 환상성은 팬데믹 시대의 문화적 화두인 셈이다.

현실에 대한 각성이든 망각이든 환상성을 필요로 하는 팬데믹 시대에 나정호는 평범하고 권태로운 일상적 시공간을 "벼락 맞은 대추나무가 송알송알 주술 부리는"(「저녁이었다」) 세계로 전환한다. 그리고 그 낯선 세계로 우리들을 데리고 간다. 결국 나정호의 미메시스는 언어들이 빚어내는 꿈을 현실 세계로 옮겨 적는 것이다. "시는 우리를 다른 곳으로 옮겨놓는 몽상"(바슐라르)이기 때문이다. 세상살이가 아무리 고통스러워도 나정호의 시를 읽는 동안만큼 우리는 낭만적 자연과 다정한 추억 속에 펼쳐진 유토피아를 여행할 수 있다. 그가 펼쳐 보이는 일상의 환상성에 붙들린 채 신비한 숲속에서 한 계절 머물다 보면, 팬데믹도 어느 지나간 낮잠처럼 낯설어질 것이다. 그토록 바라던 코로나 이전의 일상을 회복한 그때, 우리는 이렇게 외치리라. "젠장, 언제 시인이 다녀갔지? 지난 시간이 다 꿈만 같군. 그래, 우리에겐 나정호가 있었지! 그의 시가 있기에 고통스러운 현실도 견뎌낼 수 있었어"라고.

시인동네 시인선 166

내가 새가 아니어야 하는 이유

초판 1쇄 인쇄 2021년 12월 23일
초판 1쇄 발행 2021년 12월 30일
지은이 나정호
펴낸이 김석봉
디자인 헤이존
펴낸곳 문학의전당
출판등록 제448-251002012000043호
주소 충북 단양군 적성면 도곡파랑로 178
전화 043-421-1977
전자우편 sbpoem@naver.com

ISBN 979-11-5896-539-6 03810